L'Agenda 2030 Découvert (2021-2050)

Crise Économique et Hyperinflation, Pénurie de Carburant et de Nourriture, Guerres Mondiales et Cyberattaques

(La Grande Réinitialisation et le Avenir Techno-Fasciste Expliqués)

Rebel Press Media

Avis de non-responsabilité

Ce document vise à fournir des informations exactes et fiables sur le sujet et la question traités. La publication est vendue avec l'idée que l'éditeur n'est pas tenu de rendre des services comptables, officiellement autorisés ou autrement qualifiés. Si des conseils sont nécessaires, d'ordre juridique ou professionnel, il convient de s'adresser à une personne exerçant cette profession - à partir d'une déclaration de principes qui a été acceptée et approuvée également par un comité de l'American Bar Association et un comité des éditeurs et des associations.

Il n'est en aucun cas légal de reproduire, dupliquer ou transmettre une partie de ce document, que ce soit par voie électronique ou sous forme imprimée. L'enregistrement de cette publication est strictement interdit et tout stockage de ce document n'est pas autorisé, sauf avec la permission écrite de l'éditeur. Tous droits réservés.

La présentation de l'information est sans contrat ou tout type d'assurance de garantie. Les marques commerciales qui sont utilisées le sont sans aucun consentement, et la publication de la marque est sans autorisation ou soutien de la part du propriétaire de la marque. Toutes les marques et marques déposées dans ce livre ne sont utilisées qu'à des fins de clarification et appartiennent aux propriétaires eux-mêmes, sans être affiliées à ce document. Nous n'encourageons pas l'abus de substances et nous ne pouvons être tenus responsables de la participation à des activités illégales.

Nos autres livres

Consultez nos autres livres pour découvrir d'autres informations inédites, des faits exposés et des vérités démystifiées, et bien plus encore.

Rejoignez le cercle exclusif des médias de Rebel Press !

Chaque vendredi, vous recevrez dans votre boîte de réception une nouvelle mise à jour de la réalité non rapportée.

Inscrivez-vous ici dès aujourd'hui :

https://campsite.bio/rebelpressmedia

Introduction

À moins d'un changement radical, le monde sera sans doute témoin du premier conflit nucléaire dans les années 2020.

La "Grande Réinitialisation" a été planifiée pour prolonger le système actuel en décomposition, mais elle échouera" - Les populations américaine, allemande et britannique auront pratiquement disparu d'ici 2025, et les richesses auront disparu - "L'Occident cherche à provoquer un conflit avec la Russie pour conserver sa propre hégémonie, mais il échouera".

Il y a plusieurs années, nous avons été attirés par les prévisions pessimistes de Deagel.com, un site privé de renseignement géopolitique et militaire qui s'appuie sur les chiffres, rapports et documents officiels de la CIA, du ministère américain de la défense, de la Banque mondiale, du Forum économique mondial, de l'UE, du FMI et d'à peu près toutes les autres instances et organisations internationales crédibles, entre autres. Rien ne semble avoir changé depuis la mise à jour de septembre 2020 : l'Occident est toujours en effondrement total en 2025, tandis que l'intensité du coup varie selon les pays.

Les États-Unis, le Royaume-Uni et l'Allemagne seront particulièrement touchés, tandis que les Pays-Bas et la Finlande seront épargnés. Néanmoins, M. Deagel estime qu'environ un million de personnes périront dans notre pays.

Deagel a prédit en 2014 que le bloc occidental des deux côtés de l'Atlantique s'effondrerait d'ici 2025 en raison de l'impression monétaire et de la dette sans restriction. Ce destin reste inévitable. En outre, la crise de Corona a démontré que "le modèle de réussite du monde occidental repose sur des civilisations dépourvues de résilience, qui peuvent à peine supporter une adversité, même de faible intensité." C'est quelque chose que nous supposions, et maintenant nous avons des preuves sans équivoque.

La grande réinitialisation est une méthode permettant de prolonger temporairement la vie d'un système mourant.

Grâce à la soi-disant grande réinitialisation qui, comme le changement climatique, le soulèvement pour l'extinction, la crise planétaire, la "révolution verte" et les canulars sur le pétrole de schiste, est propagée par l'establishment, la crise de Covid sera utilisée pour prolonger la vie de ce système économique défaillant".

Si vous voulez en savoir plus sur les objectifs exacts et l'avenir prédit de la grande réinitialisation, veuillez consulter nos autres livres sur le sujet, vous les trouverez sous le nom de notre éditeur "Rebel Press Media" chez tous les principaux détaillants de livres.

Tout ce qui concerne la "grande réinitialisation", y compris les fermetures de la Corona et l'anéantissement délibéré de l'hôtellerie, du tourisme et de la plupart des PME, vise à inverser rapidement l'économie de la dépense afin que nous puissions continuer plus ou moins sur la même base pendant quelques années encore. Cela peut fonctionner pendant un certain temps, mais cela ne résoudra pas le problème de fond et ne fera que retarder l'inévitable". L'élite dirigeante veut seulement rester au pouvoir, c'est tout ce qui compte pour elle".

"Covid a démontré que l'Occident est incapable de faire face à l'adversité.

Par une convergence de problèmes, l'effondrement du système bancaire occidental - et finalement de la civilisation occidentale - est l'élément fondamental de la prophétie, et il a une fin désastreuse". Covid a démontré que la diversité et le libéralisme radical ont rendu les civilisations occidentales incapables de faire face à l'adversité réelle.'

Deagel utilise la pandémie de grippe espagnole d'il y a près d'un siècle comme illustration. Elle a tué entre 40 et 50 millions de personnes. Aujourd'hui, la population mondiale étant quatre fois plus importante, la corona aurait tué au moins 160 à 200 millions de personnes si elle avait été aussi terrible (compte tenu de la mondialisation et de l'intensité des voyages aériens, le double est plus probable). Toutefois, le nombre de décès (peut-être artificiellement exagéré) s'élève maintenant à 2,9 millions, soit 0,037 % de la population mondiale, ce qui correspond à une faible épidémie de grippe saisonnière.

Les pays les plus riches paieront le prix fort".

Il est extrêmement probable que la catastrophe économique mondiale provoquée par les lockdowns fasse plus de victimes que le virus", affirme M. Deagel. La dure réalité de la société occidentale, diverse et variée, est qu'un effondrement fera de 50 à 80 % de victimes, en fonction de nombreuses conditions" (de la population). Dans l'ensemble, les États-providence les plus divers, les plus multiculturels et les plus endettés (avec les niveaux de vie les plus élevés) paieront le prix le plus lourd'.

Seule la "surconsommation", avec d'énormes doses de dégénérescence sans limites présentées comme de la vertu, maintient notre culture occidentale étrange et erronée comme une "colle". La "législation sur la haine" et les signaux contradictoires suggèrent que, malgré une censure considérable, cette colle n'est plus efficace. Cependant, tout le monde n'a pas à mourir ; la migration peut aussi être bénéfique".

Les analystes prévoient que les pays du deuxième et du tiers monde qui s'en tiennent à l'"ancien ordre mondial" s'aligneront sur l'Occident. Toutefois, comme ces pays sont plus pauvres, l'impact sera beaucoup plus faible. En outre, il s'agit souvent de civilisations encore homogènes (cohésives), qui ont historiquement été beaucoup plus résistantes aux grandes crises systémiques ou autres catastrophes. Les pays qui se tournent vers la Chine ont les meilleures chances de retrouver rapidement la stabilité.

La troisième guerre mondiale est "l'événement le plus probable dans les années 2020", selon les experts.

La Russie et la Chine ont commencé à développer une alliance stratégique économique et militaire, bien que l'UE s'oppose depuis des années à toute réconciliation avec la Russie et la dépeigne même comme un ennemi (qui remplacera l'Occident et formera le véritable Nouvel Ordre Mondial). Contrairement à la croyance populaire en Occident, la Russie et la Chine sont déjà très en avance sur les États-Unis et l'Europe (OTAN) en termes de technologie militaire dans plusieurs secteurs.

Une nouvelle guerre (mondiale) majeure est même qualifiée d'"événement majeur le plus probable" au cours de ces années 20. Le premier scénario est une guerre conventionnelle (comme celle qui est sur le point d'éclater en Ukraine) qui dégénère en guerre nucléaire.

Le deuxième scénario se situe entre 2025 et 2030, et suppose une attaque surprise russe écrasante contre l'Occident. Au grand dam de l'élite militaire occidentale, les Russes ont montré en Syrie en 2015 qu'ils sont capables de mener une telle attaque à la perfection à une distance de plus de 2 000 kilomètres.

L'ironie est que, depuis la fin de la guerre froide, les États-Unis ont mis l'OTAN en position d'effectuer une telle "première frappe" sur la Russie, et il semble maintenant que cette première frappe va effectivement se produire, mais que le pays qui sera achevé est les États-Unis".

"Les occidentaux sont snobs et trompés.

Une autre caractéristique de la société occidentale est que ses sujets ont subi un lavage de cerveau au point que la majorité en est venue à accepter leur supériorité morale et leur avance technologique comme allant de soi".

Cela a ouvert la voie au triomphe des arguments émotionnels sur les arguments intellectuels, qui sont ignorés ou rejetés. Ce mode de pensée pourrait jouer un grand rôle dans les catastrophes imminentes.

À moins d'un changement radical, le monde connaîtra la première guerre nucléaire.

Déclencher une guerre semble être un moyen rapide et facile de récupérer l'hégémonie perdue. La France n'avait pas d'armes nucléaires en 1940, elle ne pouvait donc pas transformer une défaite en victoire. En raison de la possibilité inconfortable de devenir "le dictateur et sa sale pute" qui fuient dans la terreur tandis que le reste du monde se moque d'eux, l'Occident peut tenter cela maintenant.

"A moins d'un changement radical, le monde sera sans doute témoin de la première guerre nucléaire. La disparition du bloc occidental pourrait se produire avant, pendant ou après la guerre. Cela ne fait aucune différence. Une guerre nucléaire est un risque qui fait des milliards de victimes, et le chiffre sera de plusieurs centaines de millions lors de l'effondrement'.

Table des matières

Chapitre 1 : Il ne reste que 5 ans ?

Des attaques terroristes majeures (false flag), des méga-crises financières, l'émergence de l'État policier et même une grande épidémie virale ont toutes été prédites par les auteurs il y a 23 ans, culminant dans une nouvelle guerre mondiale - Pourquoi l'humanité refuse-t-elle de tirer les leçons du passé ?

Les auteurs William Strauss et Neil Howe ont démontré, en s'appuyant sur 500 ans d'histoire de l'Occident, que l'essor et l'effondrement d'une civilisation suivent certains processus et schémas qui ne peuvent être évités à chaque fois, dans leur livre The Fourth Turning publié en 1997. Ils prévoyaient que ces principes historiques conduiraient à la disparition de la civilisation occidentale d'ici 2025.

Jusqu'à l'apparition d'un énorme virus, les phases et les situations qu'ils ont décrites il y a 23 ans se sont révélées d'une précision presque effrayante. Est-il possible que les cinq dernières années de notre civilisation soient arrivées ?

Malheureusement, tout porte à croire que les 5 dernières années sont bel et bien arrivées.

Un proverbe bien connu dit : "L'histoire se répète". Strauss et Howe ont étudié comment les civilisations anciennes et modernes ont prospéré, régné et finalement disparu. Ils ont découvert plusieurs parallèles frappants, comme un cycle de 80 ans avec quatre phases distinctes :

1. La période de prospérité qui suit une crise catastrophique. Dans notre cas, c'était la Seconde Guerre mondiale. En tant que société, nous avons commencé à reconstruire ensemble. Tout le monde partageait la même ambition : assurer un avenir meilleur à ses (petits)enfants et à soi-même. Le moral était bon et la confiance dans le gouvernement était élevée. Cela s'est traduit par une augmentation massive de la prospérité et du bien-être de l'homme ordinaire.

2. La prise de conscience. Cette période a débuté dans les années 1960, lorsqu'un nombre croissant de personnes ont commencé à remettre en question les normes et les idéaux de l'ordre existant, ainsi que ses jugements. Nous avons eu la révolution "psychédélique", ainsi que des manifestations contre des guerres à la fois meurtrières et futiles, comme celle du Vietnam. Les protestations et les mouvements pour les droits civiques ont gagné en popularité.

3. Décomposition. L'Occident est sorti de la grande crise de la fin des années 1970 et du début des années 1980 grâce aux politiques économique, financière et étrangère du président Ronald Reagan, et est entré dans une ère de croissance extraordinaire dans les années 1990. Contrairement à son apogée, cette expansion profite désormais essentiellement aux "grosses fortunes", à Wall Street, aux banques, aux multinationales, à l'élite puissante, et à quelques citoyens seulement qui ont dû se contenter des miettes du boom de la richesse.

Dans le même temps, la société est passée de la collectivité à l'individu, ce qui a donné naissance aux générations égocentriques d'aujourd'hui, celles du "selfie" et de Facebook, dont la vie tourne essentiellement autour de leurs propres perceptions, expériences, sentiments, contacts et opinions. La perte d'un objectif commun, exacerbée en partie par l'objectif d'effacer les frontières nationales, sociales, culturelles et personnelles, a entraîné une fragmentation généralisée de la société et de la politique, ainsi qu'une perte globale du sentiment d'identité.

Dans le même temps, la société est passée de la collectivité à l'individu, ce qui a donné naissance aux générations égocentriques d'aujourd'hui, celles du "selfie" et de Facebook, dont la vie tourne essentiellement autour de leurs propres perceptions, expériences, sentiments, contacts et opinions. La perte d'un objectif commun, exacerbée en partie par l'objectif d'effacer les frontières nationales, sociales, culturelles et personnelles, a entraîné une fragmentation généralisée de la société et de la politique, ainsi qu'une perte globale du sentiment d'identité. Ce vide s'est avéré être un terrain propice à la montée de la religion moderne et sectaire du "changement climatique" et

13

d'autres groupes extrémistes tels que Black Lives Matter.

4. Le début de la crise. Avec le début de la crise financière en 2008, la phase finale a commencé. Les politiciens ont utilisé des sommes inimaginables de l'argent des contribuables pour renflouer leurs amis banquiers et, surtout, eux-mêmes et leurs propres convictions politiques, laissant le peuple en payer le prix. Plusieurs décisions ont été prises contre le désir de la majorité, notamment la plus grande intégration des États membres de l'UE dans un super-État, la formation d'un flux perpétuel d'argent du Nord vers le Sud (Union de transfert), et l'importation massive de millions de migrants du monde musulman, ainsi que le démantèlement progressif de notre approvisionnement en nourriture et en énergie stable et bon marché et de notre prospérité à cause d'un problème climatique qui nous est sorti de la tête.

Des crises financières aux frappes terroristes en passant par les épidémies virales, presque tout s'est réalisé.

Jetez un coup d'œil aux cinq développements et événements majeurs prédits par Strauss et Howe pour les phases 3 et 4, qui, selon eux, conduiront à la disparition de notre civilisation :

1. Effondrement financier et économique. L'État augmente les impôts, saisit les biens des résidents et met en place une société de contrôle totalitaire. Les citoyens résistent dans la phase finale (par exemple, les Gilets jaunes en France), ce qui incite les gouvernements à déployer des forces de sécurité. L'état de siège ou une autre sorte d'état d'urgence perpétuel est finalement imposé.

2. Une attaque terroriste majeure contre une compagnie aérienne (quatre ans avant le 11 septembre) à laquelle les États-Unis réagissent par la force militaire. Les forces de police et de sécurité gagnent de plus en plus de pouvoir, et sont désormais autorisées à réguler et à arrêter les civils dans la rue, puis à leur domicile, sans raison apparente. La multiplication des agressions suscite des inquiétudes quant à l'utilisation de faux drapeaux, ce qui entraîne des accusations contre le gouvernement.

3. Krach boursier. À partir de Wall Street, les banques du monde entier s'effondrent, et les gouvernements sont contraints de s'endetter massivement aux dépens de la société pour "sauver" ces institutions. (En 2008, cela s'est produit.) La deuxième crise financière a commencé dans l'UE en 2015, lorsque la BCE a mis en place des taux d'intérêt négatifs. La prochaine crise financière "chaude", qui sera utilisée pour numériser entièrement les mouvements monétaires, devrait se produire en 2021).

4. Epidémie de virus. Une nouvelle maladie dangereuse se propage rapidement et sera utilisée pour justifier des quarantaines (fermetures) à grande échelle et d'autres politiques autoritaires, privant les résidents de presque toutes leurs libertés.

5. Conflit armé. La Russie reprend le contrôle des anciennes républiques soviétiques anarchiques (ce qui ne s'est pas produit) et crée un partenariat stratégique avec l'Iran (ce qui ne s'est pas produit non plus). Des affrontements militaires dans le monde entier (qui se sont produits : Irak, Afghanistan, Syrie, Yémen, Libye, Azerbaïdjan-Arménie, tensions militaires Chine-États-Unis, Chine-Japon, Chine-Inde, Inde-Pakistan, États-Unis/Otan-Russie, États-Unis/Israël/Arabie saoudite-Iran, Turquie-Inde) aboutissent à des guerres brutales, qui pourraient conduire à la troisième guerre mondiale.

Le quatrième tournant a commencé.

Par conséquent, le "quatrième tournant" aux États-Unis et en Europe est bien engagé et semble avoir atteint sa conclusion (2020-2025). Depuis des années, la société devient plus insécurisée et plus violente. Les gens se polarisent de plus en plus en camps de "droite" et de "gauche" de plus en plus radicaux, la "droite" souhaitant revenir à une période plus stable et prospère où ils avaient encore leur mot à dire sur l'avenir de leur propre pays, et la "gauche" voulant démolir toutes les structures existantes, avec l'immigration de masse, la politique climatique et la "diversité" comme armes principales.

Le terrorisme d'opinion "politiquement correct" du gouvernement et des médias grand public, qui fonctionnera certainement en 2020 comme un "ministère de la propagande", garantit entre-temps qu'un groupe toujours plus important de personnes, qui s'inquiètent des développements et des décisions qui sont prises encore et encore, sont mises dans un coin et ignorées et/ou traitées de "racistes d'extrême droite" ou de "théoriciens du complot".

Après tout, la politique de gauche aspire à obtenir le pouvoir par la violence.

Après la victoire électorale éclatante de Donald Trump sur Hillary Clinton, la candidate du gouvernement de l'ombre "Deep State", des manifestations de masse bien organisées (Antifa, Black Lives Matter) ont éclaté, financées par le mondialiste d'extrême gauche George Soros, dans l'espoir d'empêcher la réélection de Trump en provoquant autant de chaos et de violence que possible.

L'Amérique patriotique "de droite" est encore largement silencieuse, mais les analystes estiment qu'un nombre non négligeable de partisans de Trump sont prêts à défendre leur président, en particulier si les démocrates, avec l'aide des médias qu'ils contrôlent, organisent un coup d'État en déclarant Joe Biden vainqueur après le 3 novembre, même si Trump avait remporté une victoire massive. De violents affrontements sont inévitables, et certains analystes prédisent même une nouvelle guerre civile et la division probable des États-Unis en plusieurs sections. Cette situation aura des répercussions considérables pour l'Europe également.

C'est la morale, et non la technologie, qui définit la civilisation.

De nombreuses personnes commettent l'erreur de se concentrer uniquement sur les avancées technologiques ("Regardez toutes ces nouvelles technologies intelligentes !") et les conditions socio-économiques superficielles ("Nous nous en sortons encore plutôt bien, n'est-ce pas ?") lorsqu'elles évaluent la santé d'une civilisation. Cependant, ce ne sont pas les indicateurs les plus importants de la santé d'une civilisation. En effet, la mentalité et la moralité du peuple et de ses dirigeants ne cessent d'évoluer, littéralement.

Les politiciens qui n'ont plus honte de s'enrichir, de mentir et de tromper (et encore moins de démissionner), mais qui les utilisent comme une évidence, sont généralement à l'avant-garde du déclin. Des promesses et des programmes électoraux qui ne sont pas du tout tenus ou qui sont annulés. Des traités et des choix qui nuisent à la société et à la souveraineté sont adoptés sans consultation de la population. Les libertés sont progressivement réduites, voire totalement supprimées, sous divers prétextes tels qu'une "crise climatique" ou une "pandémie virale".

La presse libre a pratiquement été rachetée et est contrôlée et utilisée à mauvais escient comme un ministère de la propagande, et la liberté d'expression ne cesse de s'éroder. Il n'y a qu'une seule "bonne voie" dans chaque domaine politique ; l'opposition dissidente est diabolisée, méprisée ou réduite au silence. Les voix dissidentes sont vilipendées, moquées ou réduites au silence. Les politiciens et les personnalités publiques "incorrects" sont soumis à des procès pour l'exemple, exclus, licenciés ou mis sur la touche d'une autre manière.

Nous avons affaire à un gouvernement qui veut plus de pouvoir et qui l'obtient par le biais de plus d'impôts et de réglementations, ainsi que d'une série d'exigences supplémentaires qui étouffent la vie privée et la liberté d'autodétermination. En outre, il impose des conséquences plus sévères à ceux qui refusent, et commence donc à agir comme une organisation terroriste. Le pouvoir judiciaire n'agit que comme un "tampon d'approbation" de la politique gouvernementale, comme il le faisait dans le bloc communiste de l'Est. La "séparation des pouvoirs" n'est plus d'actualité, de sorte que les citoyens et les petites entreprises n'ont aucune chance de gagner un procès contre le gouvernement.

Une erreur critique : l'argent est concentré dans une petite élite.

Le lien avec la chute de l'Empire romain est plus que valable pour toutes ces raisons. La corruption totale était célébrée à marée haute à Rome, comme elle l'est toujours, et c'était "la fête" et "les affaires comme d'habitude" jusqu'à la fin. L'argent ne cessait de se déprécier, et la vie s'orientait de plus en plus vers un plaisir, un amusement et une jouissance toujours plus plats et sans fin. Personne ne semblait voir que l'empire se décomposait de l'intérieur. En conséquence, l'Empire, que l'on croyait autrefois invincible, pouvait imploser et se dissoudre en quelques jours avant de tomber définitivement.

En termes de tableau sombre pour notre civilisation, "The Fourth Turning" est loin d'être unique. Le Goddard Space Center de la NASA a financé il y a six ans un projet de recherche dirigé par la mathématicienne Safa Motesharrei (National Socio-Environmental Synthesis Center). Ils ont comparé les progrès de l'Occident à ceux des civilisations romaine, Han, Maurya, Gupta et mésopotamienne.

Ils ont déterminé qu'au cours des 5 000 dernières années, aucune civilisation hautement développée, complexe ou créative n'a été capable de se maintenir indéfiniment et que l'Occident est lui aussi au bord de l'extinction. La raison principale est que, comme toutes les autres civilisations avant elle, l'Occident semble avoir commis l'erreur critique de ne pas partager correctement la richesse croissante dans la société.

La grande majorité de l'argent, en particulier au cours des années 1990, a été concentrée dans les mains d'une petite minorité d'élite (principalement dans les secteurs financier, économique et politique), malgré le fait qu'il soit produit par les masses les plus pauvres. Les personnes les plus pauvres, en revanche, n'en ont pas conscience.

Ce déséquilibre conduit à un effondrement de type L, dans lequel les gens ordinaires sont incapables de joindre les deux bouts en raison de l'augmentation des charges, et s'appauvrissent et souffrent de la faim. Les gouvernements, comme c'est le cas partout, répondent par un contrôle et une répression accrus, opprimant et terrorisant leurs citoyens. S'ensuivent alors des soulèvements populaires massifs, des révolutions et des guerres civiles, parfois lentement, parfois rapidement, dans lesquels les civils cherchent à se venger de l'élite.

Deagel et le modèle informatique du MIT

Outre "The Fourth Turning" et les études de la NASA, le célèbre modèle informatique "World One" du Massachusetts Institute of Technology (MIT), développé en 1973 et constamment mis à jour par la suite, prévoyait l'effondrement de la civilisation entre 2020 et 2040.

Plusieurs articles ont été publiés ces dernières années au sujet de Deagel, un site Web américain de renseignement militaire privé à but non lucratif qui prédit la disparition de centaines de millions de personnes en Europe et en Amérique d'ici 2025 à la suite d'un effondrement total de l'économie, de la prospérité et de la société, sur la base de données provenant de la CIA, du FMI et de l'ONU.

Le fardeau insoutenable de la dette que l'Amérique et l'Europe ont accumulé, selon Deagel, est le principal coupable, qui finira par anéantir notre prospérité dans une série de graves catastrophes. Les personnes qui peuvent émigrer le feront, mais des millions d'autres périront dans le pandémonium qui s'ensuivra ou se suicideront parce que leur mode de vie sûr aura été détruit à jamais. Selon Deagel, après la chute de l'Occident, le centre de la civilisation humaine sera transféré en Russie et en Chine.

'Une probable épidémie mondiale de, disons, Ebola ou de tout autre virus n'est même pas comptabilisée dans les chiffres', ai-je écrit le 16 août 2018, dans un article intitulé 'Le modèle informatique du MIT prédit la fin de la prospérité d'ici 2020 et la fin de la civilisation d'ici 2040.'

En 2020, une crise virale fabriquée se produira, et l'élite occidentale prendra le pouvoir.

Est-il encore possible d'éviter l'effondrement de notre civilisation ? Oui, mais cela nécessite quelque chose qui n'a jamais été fait auparavant dans le monde, à n'importe quelle époque : des dirigeants qui reviennent sur leurs pas, abandonnent leur culture du népotisme, de l'abus de pouvoir et de la cupidité, et restaurent la prospérité et la liberté du peuple. En outre, ils doivent assumer la responsabilité de leurs (mauvaises) actions et être prêts à en subir les conséquences. Jetez un coup d'œil à La Haye, Bruxelles, Berlin, Paris, Rome et Washington : croyez-vous que cela va arriver ?

Cette année, l'élite occidentale s'est servie d'un banal coronavirus ressemblant à une grippe pour réaliser un coup d'État final unique dans l'histoire de l'humanité, afin d'éviter une nouvelle catastrophe mondiale liée aux banques et à la dette. Jamais auparavant les dirigeants politiques n'ont opprimé leurs propres citoyens à un tel point, interdisant et criminalisant les contacts humains réguliers et détruisant le bien-être et la prospérité de centaines de millions de personnes dans le monde.

Selon diverses estimations, le nombre de décès causés par la politique de Corona - y compris un grand nombre de patients non traités ou traités tardivement pour des maladies cardiaques, des tumeurs, des hémorragies cérébrales, du diabète, etc., ainsi que des personnes qui meurent de faim ou se suicident - est déjà un multiple du nombre officiel de décès de Covid, qui est probablement au moins dix fois plus élevé en raison de la falsification avérée des données. Les forces dirigeantes, quant à elles, considèrent cela comme un sacrifice nécessaire pour la "grande réinitialisation", qui est réalisée dans le cadre de l'Agenda 21/30 communiste de l'ONU.

Seule une grande rébellion pacifique sera en mesure de renverser le système de contrôle totalitaire.

Cette "cabale" de politiciens et de milliardaires tentera d'éviter les inévitables soulèvements populaires dans les années à venir en combinant une distance sociale obligatoire (1,5 mètre) avec une technologie de pointe (des centaines de milliards de caméras et de capteurs, des milliers de satellites, la 5G, des vaccins modifiant l'ADN), ainsi qu'une répression violente par la police et l'armée, afin d'établir un État totalitaire sans précédent.

Que peuvent faire les nations pour éviter un avenir aussi horrible pour elles-mêmes et leurs (petits)enfants ? La seule solution est d'utiliser le pouvoir du nombre : se soulever pacifiquement en grands groupes ; décider par millions de cesser de coopérer avec les mesures. Un pourcentage significatif de la communauté des entreprises, ainsi que la police et l'armée, soutiennent le peuple.

La violence n'est jamais une solution ; elle ne fait qu'engendrer davantage de violence et d'interventions forcées, ce qui conduit à de nouvelles effusions de sang. La violence n'est justifiée que lorsqu'un gouvernement (qu'il s'agisse d'un régime d'occupation ou du sien) se tourne vers le terrorisme et commence à arrêter, emprisonner et éliminer violemment des citoyens dans des "installations" (camps d'internement/de concentration, prisons, etc.) sans aucune forme de procès et/ou sur la base de lois illégales.

Lorsque des raids seront menés, que les gens seront sortis de leurs maisons et emmenés, et que les flics et les militaires commenceront à tirer à balles réelles dans les rues, vous saurez que ce moment est arrivé, et que nous sommes redevenus un territoire BEZET, ce qui, nous le souhaitons ardemment, ne se produira jamais. Alors vous avez le droit, ainsi que l'obligation, de vous défendre et de défendre vos proches.

Croyez-vous aux scénarios d'apocalypse ?

Vous pouvez considérer les sombres scénarios ci-dessus comme des scénarios apocalyptiques. Au moins dans le passé, la majorité de la population a généralement réagi de cette manière aux avertissements et aux signaux de calamité imminente.

C'est pourquoi l'histoire se répète sans cesse et l'humanité semble rarement, voire jamais, apprendre de ses erreurs. Les peuples et les civilisations ont refusé à maintes reprises de reconnaître que la prospérité et la liberté ne sont pas des acquis, qu'il faut se battre pour elles au quotidien, et que si nous ne le faisons pas, si nous préférons nous préoccuper de matérialisme et de divertissement, les personnes assoiffées de pouvoir gagneront toujours, inaugurant une nouvelle ère de misère et d'oppression.

Pourquoi sommes-nous si peu disposés à tirer des leçons de l'histoire ? Parce que nous ne reconnaissons pas que l'histoire est cyclique plutôt que linéaire. Parce que, arrogants comme nous le sommes, nous refusons de considérer l'idée que l'histoire peut se répéter à tout moment. C'est pourquoi elle se répète EXACTEMENT DE LA MÊME MANIÈRE, encore et encore. Encore une fois, elle se dirige dans la mauvaise direction à une vitesse vertigineuse, et c'est nous qui en sommes responsables. Ceux qui refusent de voir cela ne méritent rien de plus que la dictature totalitaire qui nous est actuellement imposée à tous.

Chapitre 2 : Le suicide économique en Europe ?

La nouvelle crise de l'euro aurait pu être évitée - "Les gens doivent faire face au pire scénario : tout est dans le caniveau".

Les entreprises font faillite et entraînent d'autres entreprises avec elles. En septembre, 50 % du secteur de l'hôtellerie et de la restauration risque de tomber, parce qu'un compteur et demi ne leur convient pas, parce que vous ne pouvez pas survivre avec la moitié de vos clients. Les taxes ne sont pas ajustées, elles sont reportées", commence Hulleman. Il s'avère que les aides publiques sont comptabilisées comme du chiffre d'affaires, sur lequel les impôts doivent être payés. Les entrepreneurs sont rattrapés à gauche, à droite, derrière et devant. La crise a donc commencé".

M. Wellens a découvert peu de temps après la crise de 2008 que "l'argent des impôts ne sert qu'à renflouer les milliardaires, les banques. Pourquoi faire cela ? C'est pourquoi il a lancé en 2015 l'initiative Peuro, avec Jort Kelder et Thierry Baudet, pour obtenir une enquête parlementaire sur l'euro et le fonctionnement de la zone euro.

Elle n'est pas venue, et aucun choix audacieux n'a été fait pour empêcher une nouvelle crise de l'euro. Cela aurait pu être fait en quittant l'euro, ou en l'abolissant, ou en le réduisant, et en acceptant que de nombreuses dettes problématiques ne seront jamais remboursées, et auraient donc pu être effacées.

Personne en Europe ne devrait avoir le moindre doute sur le projet sacré de l'euro.

Il est stipulé dans le MES (Mécanisme européen de stabilité) signé par les Pays-Bas, qui peut comprendre 700 milliards d'euros, que si une difficulté financière apparaît dans la zone euro, le directeur de ce fonds peut appeler les Pays-Bas, et nous devons alors payer tout montant exigé dans les 7 jours.

Arno Wellens l'a surnommé "l'évangile de l'euro" et c'est également le titre d'un de ses livres. Si vous l'évoquez lors d'une discussion neutre avec des parlementaires, on vous interdit de le faire. Comment osez-vous remettre en question le saint projet de l'euro ?", par exemple. "Alors qu'il s'agit de la plus grande menace pour les citoyens européens de tous les temps", dit Hulleman. Jort Kelder l'a surnommé la plus grande décision économique de l'histoire européenne, et pourtant il est interdit d'en discuter. Après tout, pourquoi pas ? Parce que c'est incorrect".

L'électeur est constamment induit en erreur sur le fait que ce sont principalement les banques qui veulent que ce mécanisme soit mis en place, car elles veulent savoir qu'elles seront toujours secourues par la BCE (c'est-à-dire avec l'argent des contribuables). "Cependant, il est impossible de répondre à la question objective et

impartiale de savoir comment procéder avec l'euro",
explique M. Wellens. Par conséquent, ils se débrouillent
jusqu'à la prochaine crise, qui est déjà en cours. Il y a
alors un débat.

**Corona est à blâmer pour le pire désastre économique
que le monde ait connu.**

Depuis 2015, nous sommes au cœur de la "crise la plus
profonde jamais connue". Le virus corona n'a été que le
catalyseur. Le chômage en Espagne est déjà de 35 %, et
il devrait atteindre 50 à 60 % dans les prochaines
années, le reste de l'Europe suivant le mouvement.

Le problème avec les référendums, c'est qu'ils sont
considérés comme une invention de Poutine",
remarque-t-il avec sarcasme. C'est pourquoi le dernier
référendum sur l'Ukraine, qui était conçu pour être anti-
européen, a dû être annulé immédiatement. Mais,
certainement, vous pouvez simplement demander aux
gens s'ils veulent l'euro. Tout en reconnaissant que cela
implique une concession de la souveraineté, car il
faudrait un ministre central des finances'.

Le suicide économique

Bientôt, vous pourrez voter pour des politiciens belges,
français et italiens dont vous n'avez jamais entendu
parler, des politiciens qui feront des choix concernant la
monnaie européenne, qui est détenue dans un grand
pot et qui sera utilisée pour les pays appauvris (de

l'euro) ? Ces personnes sont-elles conscientes qu'elles donnent leur propre argent et que, par conséquent, leur situation économique sera bientôt bien pire ?

La "nouvelle normalité" me rappelle un épisode de la Planète des Singes.

La "nouvelle normalité", en revanche, est tout sauf normale. C'est comme une planète de singes, dit Wellens. 'Une forme de semi-dictature', dit l'auteur. "Vous travaillez simplement à la maison, n'est-ce pas ?", disent ceux qui se plient volontiers à ces mesures. Oui, vous pouvez toujours dire cela en tant que fonctionnaire dont la rémunération est versée comme d'habitude'.

L'allocation café est-elle accordée ?" est un sujet de conversation parmi les fonctionnaires, ainsi que dans de nombreuses grandes entreprises. M. Wellens a entendu des témoignages de première main à ce sujet. Des gens qui disent qu'ils avaient l'habitude d'acheter du café au travail mais qu'ils sont maintenant assis chez eux et veulent savoir s'ils peuvent se le faire rembourser ou le déduire de leurs frais de déplacement. Ils se chamaillent à propos d'une glace, dos à la mer, alors qu'un raz-de-marée de 16 mètres de haut approche", explique M. Hulleman.

Étranglement : Le CPB a déjà admis que l'économie diminuera de 25%.

Les personnes qui sont obligées de rester à la maison et dont le salaire n'est pas du tout versé (bien que cela ne puisse jamais durer longtemps sur le plan financier) devraient déjà être considérées comme des chômeurs. Wellens répète : "La nouvelle normalité est le suicide économique". Ça ne marchera pas du tout, ce sera un étranglement. Un mètre et demi ne suffira jamais. De nombreuses entreprises, y compris l'industrie hôtelière, ne peuvent pas survivre si seulement 1/6, voire la moitié, de leurs clients et donc de leur chiffre d'affaires sont présents.

En raison des mois de fermeture (totale ou partielle), de nombreuses entreprises supplémentaires feront faillite, provoquant une dévastation économique et sociale irréparable dans toute l'UE. En conséquence, le chômage qui s'ensuivra sera massif.

Nous aurions eu une nouvelle crise bancaire et de l'euro même si Corona n'avait pas eu lieu. Corona a simplement accéléré un peu le problème. Parce que rien n'a été réparé après la crise de 2008, et rien n'a été réparé après la crise de suivi des banques en 2015, la prochaine catastrophe serait "deux fois plus terrible". À l'été 2019, Wellens a été autorisé à avertir la Chambre des représentants à ce sujet pour la troisième fois, mais il a été rejeté une fois de plus.

Cette catastrophe est plus grave que la crise économique qui a eu lieu pendant la Seconde Guerre mondiale", a-t-il déclaré. Nous avons atteint le niveau de la République de Weimar". Il faudrait réduire de moitié le gâchis (dettes, etc.), donc annuler toutes les hypothèques, renoncer aux dettes et aux créances, et recommencer. Oui, beaucoup de gens deviendront furieux'.

Alors qu'un incendie s'est déjà déclaré à la porte d'entrée, l'UE se comporte comme les nombreux habitants d'un complexe immobilier qui se chamaillent pour savoir qui doit payer les extincteurs, quel système ils doivent choisir et comment le financer.

Chapitre 3 : Hyperinflation aux États-Unis ?

Le canular de la pandémie a enfoncé l'Occident plus profondément dans la dette que la Seconde Guerre mondiale - le plus grand fonds de pension britannique (le sixième au monde) informe les investisseurs que le retrait de l'argent peut prendre jusqu'à 95 jours, et met en garde contre une éventuelle insolvabilité - les États-Unis prédisent une hyperinflation dans un avenir proche.

La plupart des gens semblent croire qu'il est normal que les banques centrales continuent à produire d'énormes quantités d'argent à partir de rien en appuyant sur un bouton, afin que les gouvernements puissent continuer à dépenser de grandes sommes d'argent tout en maintenant leur pouvoir d'achat. Quiconque a suivi deux cours d'économie au lycée sait que cela va à l'encontre de toutes les lois financières et fiscales, et que cela aboutira tôt ou tard à une pièce de théâtre. C'est presque arrivé : la Banque d'Amérique a officiellement déclaré l'HYPERinflation. Cela signifie que la valeur de la monnaie va s'effondrer, et que le coût de la plupart des produits et services va monter en flèche.

Selon les données annuelles, le nombre d'entreprises américaines faisant état d'une inflation (élevée) a grimpé d'environ 800 %. En conséquence, la Bank of America ne peut s'empêcher de conclure que cela "signale à tout le moins qu'une hyperinflation "temporaire" est en route." Les matières premières

(+28%), les prix à la consommation (+36%), les transports (+35%) et les produits manufacturés, en particulier, sont sur le point de faire exploser les prix. Malgré la conviction de la BoA qu'elle restera "gérable", l'hyperinflation est un processus qui démontre intrinsèquement que quelque chose échappe à tout contrôle.

Des prix exorbitants

Cela signifie, entre autres, que les citoyens devront bientôt payer beaucoup plus cher pour presque tout, et à un rythme beaucoup plus rapide. En fait, nous pouvons déjà observer cette forte inflation déguisée dans l'augmentation des prix de l'immobilier (après tout, ceux-ci ne sont pas associés à une forte reprise économique, mais à une économie de la dette financée par le gouvernement). En outre, un nombre croissant de consommateurs se plaignent que leurs achats hebdomadaires sont devenus nettement plus chers en peu de temps.

La fin de la prospérité approche.

Aussi pénible que cela puisse être à lire, la fin de la prospérité occidentale est désormais en vue. En effet, la situation de l'Europe n'est pas différente de celle des États-Unis, et à certains égards, elle est même pire. Pensez aux dettes souveraines sans fin de l'Italie, de la Grèce et de l'Espagne, ainsi que de la France et de la Belgique. En outre, les grandes banques européennes systémiques telles que la Deutsche Bank, la Société Générale et UniCredit sont en faillite sur le plan technique.

Le New Green Deal et la grande réinitialisation

Le "Green Deal" de l'UE et le "Great Reset" du Forum économique mondial viennent s'y ajouter. La première rendra l'énergie, les transports et la nourriture presque inabordables pour des millions de personnes, tandis que la seconde éliminera définitivement les derniers vestiges de liberté et d'autodétermination qui nous restent, mettant 35 à 41 % des gens au chômage, selon les propres chiffres du Forum économique mondial.

Et, tandis que l'Occident se déchire en prenant conscience de la gravité de la situation, la Chine et la Russie ont déjà commencé à prendre les devants.

Chapitre 4 : Pénurie de carburant et de nourriture ?

Est-ce le dernier échauffement pour la prochaine grande cyberattaque de l'Occident ?

Selon les experts, la cyberattaque contre le principal oléoduc des États-Unis aurait pu être résolue en quelques heures et présente donc toutes les caractéristiques d'une opération "false flag" destinée à mettre le peuple américain complètement à genoux devant la dictature communiste émergente du climat-vaccin de l'ONU/FEM. Les premières stations-service sont à court de carburant, et celles qui restent augmentent leurs prix de façon spectaculaire. Pendant une longue période, le carburant pourrait être rationné, et une fois que ce sera le cas, la nourriture suivra sûrement.

Selon un expert en informatique, le pipeline Colonial, qui relie Houston (Texas) à Linden (New Jersey), aurait pu être remis en service en quelques heures si le matériel cassé avait été rapidement remplacé, car la plupart des serveurs informatiques sont aujourd'hui des machines virtuelles (VM). La panne n'aurait duré que quelques minutes si seul le logiciel avait été endommagé. Par conséquent, le pipeline disposait de nombreuses sauvegardes à tous points de vue.

Comme aucune reprise n'a été signalée jusqu'à la fin de la semaine, cet expert en informatique pense que les pénuries de carburant surviennent de manière aléatoire. Le diesel est encore utilisé dans les camions, mais seulement pour une durée limitée. Les supermarchés se videront rapidement si les choses s'arrêtent aujourd'hui ou demain, menaçant une peur et un pandémonium absolus. Dans une semaine, le pays sera à l'arrêt, dans deux semaines, l'approvisionnement en eau potable sera compromis et dans quatre semaines, la civilisation sera terminée.

Le gouverneur de la Caroline du Nord a proclamé l'état d'urgence et a temporairement (?) rationné l'essence. Les pompes de grandes entreprises telles que Shell et BP sont également confrontées à des problèmes d'approvisionnement.

Est-ce que vous pleurnichez ? Pas si vous avez voté pour ce système en premier lieu.

Les électeurs de gauche, en particulier, ne devraient pas se plaindre, car ces partis - comme presque tous les partis d'opposition de gauche, d'ailleurs - soutiennent ouvertement le programme Great Reset / Build Back Better / Agenda-21/2030 et travaillent sans relâche depuis de nombreuses années pour vous apporter cet avenir, à vous et à vos (petits-)enfants.

Sauf pour eux-mêmes, car, comme dans les précédentes dictatures communistes et fascistes du passé, l'élite au pouvoir veillera à ne jamais être

affectée par ses propres lois liberticides et destructrices
de richesse.

Chapitre 5 : Il suffira d'une cyber-attaque !

En 2021-2022, un nouveau système entièrement numérique, prévu de longue date, une technocratie communiste-fasciste, sera formé sur les décombres du système actuel.

Le Forum économique mondial de Klaus Schwab va "simuler" une cyberattaque de grande ampleur au cours de l'été, un peu comme un exercice "réel" avec une pandémie de corona (Event 201) a été organisé en octobre 2019, puis réalisé trois mois plus tard. Le Cyber Polygone 2021 aura lieu le 9 juillet 2021 et servira de scénario détaillé pour ce qui se passera plus tard (peut-être dès l'automne) : une " attaque " massive sur les infrastructures numériques et énergétiques, qui mettra l'Occident, en particulier, à genoux une fois pour toutes avant le Grand Réinitialisation.

Pourquoi les Russes participent-ils à cela ?

On ne sait pas qui sera tenu pour responsable de cette odieuse opération sous faux drapeau. La réponse la plus évidente est l'argument éprouvé selon lequel "ce sont les Russes qui l'ont fait". La Sberbank, la plus grande banque d'État russe, participe au Cyber Polygone 2021 avec sa cyberentreprise BIZONE.

Alors, que se passe-t-il exactement ici ? La Russie fait-elle partie du plan du Forum économique mondial visant à mettre l'Occident à genoux une fois pour toutes

? Ou bien les Russes participent-ils au Cyber Polygone 2021 parce que des politiciens et des chefs militaires américains de premier plan menacent ouvertement la Russie d'une cyberattaque depuis des années ? Si tel est le cas, il serait prudent de se renseigner autant que possible sur les tactiques de l'ennemi afin de pouvoir se défendre.

En 2021-2022, il y aura une méga-crise financière.

Comme expliqué dans les chapitres précédents, l'inévitable méga-crise financière a été prédite depuis des années, car le système bancaire occidental - et particulièrement européen - est techniquement en faillite, la dette en croissance rapide est devenue insoutenable, l'euro n'a qu'une valeur de papier, et les années de taux d'intérêt négatifs de la BCE ont complètement érodé l'épargne, les retraites et le pouvoir d'achat de l'euro. En conséquence, nous vivons "sur du temps emprunté", ou, pour le dire autrement, du temps acheté avec des quantités massives de nouvelle monnaie numérique (des dizaines de milliards chaque mois), qui n'a servi qu'à retarder le grand coup (et qui, en partie à cause de cela, sera beaucoup plus difficile, et sera probablement un fait en 2021-2022).

Parce que la crise systémique majeure est si proche, les gouvernements, les banques et les grands acteurs financiers ont besoin d'un bouc émissaire pour leur plan d'attaque "false flag", qui portera un coup final "contrôlé" au système en difficulté avant qu'il ne s'effondre de lui-même. La dévastation causée par l'effondrement sera si massive, avec tant de victimes, que des centaines de millions de personnes désespérées voudront décharger leurs frustrations sur les véritables responsables, en l'occurrence les mêmes gouvernements et banques, dirigés par de grandes organisations mondialistes, avec le Forum économique mondial à leur tête.

Qui va être le bouc émissaire ?

Il est "essentiel" de désigner un bouc émissaire à la population afin d'éviter les bouleversements et les révolutions. Peut-être un autre groupe de hackers russes, chinois ou d'Europe de l'Est sera-t-il impliqué. La Chine pourrait être la cible idéale pour les États-Unis, car le Pentagone prévoit une guerre "chaude" contre elle dans un avenir proche. L'Iran et la Corée du Nord pourraient également être cités, et peut-être collaborer avec la Chine pour former un nouvel "axe du mal", qu'il faudrait alors combattre "naturellement".

La haine de la Chine n'est-elle qu'une ruse destinée à alimenter les craintes de guerre et d'autres catastrophes dans l'opinion publique ? Après tout, les États-Unis et l'UE tentent tous deux de reproduire le régime de contrôle autoritaire de la Chine.

Une autre possibilité est que la cyber-attaque sous faux drapeau remonte jusqu'à Israël, ce que l'OTAN et le Conseil de sécurité de l'ONU exploiteront pour contraindre le pays menacé militairement à accepter un "plan de paix" qui divisera le pays en deux et fera de Jérusalem une sorte de capitale internationale. Le Vatican et la franc-maçonnerie ont depuis longtemps les yeux rivés sur Jérusalem, comme nous l'avons démontré dans différents articles il y a plus de dix ans, car ils veulent en faire le centre d'une sorte de nouvelle religion mondiale unifiée.

Quoi qu'il en soit, le canular de la pandémie corona a démontré sans ambiguïté qu'il faut le présenter comme insensé ou improbable pour que le public occidental, largement désinformé, indifférent et ivre, y croie. TOUT ce que les gouvernements et les médias affirment est maintenant accepté comme un fait parce que "ça a été diffusé à la télévision, donc ça doit être vrai".

Une technocratie communiste-fasciste dans laquelle votre propre corps n'est plus le vôtre.

Depuis l'année dernière, la Grande Réinitialisation du Forum économique mondial s'effondre et change radicalement notre société. Les derniers vestiges de liberté, de démocratie et d'autodétermination disparaîtront à jamais, l'argent liquide sera remplacé par des monnaies entièrement numériques et le nouveau "capitalisme de participation" ne sera rien d'autre qu'un système communiste-fasciste combiné dans lequel les citoyens et les entreprises perdront tout, y compris le droit de contrôler leur propre corps.

Le gouvernement devient effectivement le seul actionnaire principal dans presque toutes les facettes de la vie. Parce que ce système permet l'introduction d'un revenu de base universel, et parce que la cyber-attaque planifiée susmentionnée apporterait tant de confusion et d'agonie, les gens accepteront tout remède sans poser de question, voire avec une énorme excitation. ("Ordo ab Chao") est une expression latine qui signifie "ordre des dieux".

Cependant, les survivants de la crise mondiale imminente découvriront rapidement qu'ils n'ont aucun pouvoir ni aucun droit de regard sur le nouveau système, pas même sur leur propre corps. Ils deviendront des esclaves numériques génétiquement modifiés, une forme d'androïdes ou de cyborgs, à la suite d'une série de vaccinations forcées à l'ARNm, et seront peut-être bientôt porteurs de nanopuces. Klaus Schwab a pratiquement proclamé la mise en place de scanners cérébraux forcés et de puces capables de contrôler et de modifier vos pensées, vos désirs et votre volonté.

Le Forum économique mondial met en danger la survie de l'humanité, d'où la nécessité d'une véritable réinitialisation.

Par conséquent, le Forum économique mondial s'identifie clairement comme l'une des plus grandes menaces pour la survie de l'humanité. Il est possible que le Forum économique mondial, avec l'aide des puissances occidentales, aille loin, mais nous prévoyons que cet odieux régime anti-humain ne survivra pas longtemps. Ils croient pouvoir contrôler et changer la nature humaine en raison de leur arrogance sans limite, mais ce qu'ils créeront n'est rien de moins que l'enfer sur Terre, qui se consumera sous le poids de sa propre malignité mégalomaniaque.

Ensuite, selon les croyants, il sera temps de procéder à une véritable Grande Réinitialisation, qui sera effectuée "d'en haut". Ce royaume de paix perdurera à jamais, et Klaus Schwab, Bill Gates, George Soros et Mark Zuckerberg, ainsi que l'élite bancaire encore au-dessus d'eux, commandée par la célèbre famille Rothschild, ne seront plus les bienvenus. Cette "Babylone" sera démolie à jamais, pour ne plus jamais se relever et tourmenter l'humanité.

L'arrivée d'une nouvelle Grande Dépression n'est qu'une question de temps.

Nous serions aujourd'hui dans une dépression pire que celle des années 30 si la moitié de l'économie n'avait pas été mise sous perfusion depuis l'année dernière. C'est donc une bonne solution, non ? Essayez de vous rappeler votre première leçon d'économie au lycée, ou la question que presque tous les enfants ont posée à leurs parents à un moment donné, à savoir pourquoi nous ne mettons pas simplement de l'argent dans la photocopieuse afin d'en avoir toujours assez et de pouvoir devenir "riches".

Les banques doivent à nouveau être renflouées

Plus personne ne parle de la nécessité de réduire la dette. Toutes les parties - gouvernements et entreprises - espèrent que les taux d'intérêt resteront nuls ou négatifs pour toujours, et que l'argent continuera à ne jouer aucun rôle pour l'État. En effet, le scénario d'horreur absolu est une hausse des taux d'intérêt. Même si elle est faible, cela poussera immédiatement deux États européens encore plus endettés, l'Italie et l'Espagne, vers la faillite d'État. Le sauvetage est hors de question, car il coûterait des milliers de milliards d'euros. Par conséquent, l'effondrement de l'un de ces deux pays signifie immédiatement l'effondrement de la zone euro.

Des "contributions à l'assainissement", mais de la part de qui ?

En conséquence, le FMI conseille aux gouvernements d'imposer des "paiements de nettoyage" sur les revenus, les actifs et les gains - un conseil étrange si l'on considère que seul un développement économique fort et soutenu peut nous tirer du bord d'un effondrement systémique. Si vous imposez ensuite des taxes encore plus élevées à un secteur économique déjà en difficulté, vous n'obtiendrez que l'effet inverse : la crise sera accélérée et intensifiée, des centaines de milliers d'entreprises feront faillite et d'innombrables personnes perdront leur emploi.

Et il n'y a rien de plus à obtenir d'une population déjà mise à rude épreuve. Des impôts encore plus élevés et des coupes encore pires engloutiront des pans entiers des classes inférieures et moyennes dans une pauvreté abjecte. Les gouvernements n'ont guère d'autre choix que de recourir à une répression financière draconienne, qui fera mal au citoyen moyen, mais surtout aux pauvres et aux vulnérables.

Des millions de personnes pourraient bientôt ne plus être en mesure de payer les produits de première nécessité tels que le logement, l'énergie et les denrées alimentaires. La majorité d'entre nous devra se serrer la ceinture, au sens propre comme au sens figuré.

Certains analystes prédisent une hyperinflation de type "Weimar", qui anéantira totalement notre pouvoir d'achat. Cependant, étant donné les circonstances actuelles de vulnérabilité de nombreux résidents et entreprises, même un taux d'inflation bien plus faible de 3 à 4 % sera le coup de grâce. En peu de temps, les obligations d'État, les plans d'assurance-vie, les fonds de pension et les économies seront sans valeur.

Le sixième assureur mondial a lancé un avertissement d'"'insolvabilité".

Les signes que la crise du système financier se rapproche sont également évidents au Royaume-Uni, où Aviva, le plus grand assureur/fonds de pension du pays et le sixième au monde, a informé ses clients que le retrait d'argent de leurs comptes pourrait prendre jusqu'à 95 jours.

L'avertissement réel selon lequel " dans le cas improbable où nous deviendrions insolvables... "est beaucoup plus effrayant. Si une banque, un assureur ou un fonds de pension utilise ce mot, c'est le signe qu'il s'agit de problèmes extrêmement graves et très probablement insolubles.

L'or, l'argent et l'argent liquide sont retirés de Grande-Bretagne

Une importante somme d'or, d'argent et d'espèces a été brusquement retirée du Royaume-Uni et transférée au Qatar au début de la semaine dernière, sans aucune explication. Un paiement de 1,8 milliard de dollars de la Fondation Hillary Clinton à la Banque centrale du Qatar a été enregistré par la Banque des règlements internationaux (la BRI à Bâle, la "banque centrale des banques centrales") (QCB).

Les théories possibles vont de l'effondrement financier imminent du Royaume-Uni à un futur conflit avec la Russie dans lequel les villes britanniques pourraient être anéanties par des armes nucléaires.

Les citoyens et les entreprises ne posséderont rien dans l'euro numérique.

Cela fait des années que nous avertissons qu'une crise systémique est en route, et elle semble s'approcher. Elle sera utilisée pour faire passer la " Grande Réinitialisation ", qui n'est rien d'autre que la mise en place d'une dictature technocratique communiste climatovaccinale d'une dureté et d'une oppression sans précédent, qui sera déclenchée sous couvert d'une cyber-attaque sous faux drapeau (prétendument par la Russie ?).

En termes financiers et économiques, cela signifie que l'euro sera totalement numérique, que tout (même votre propre corps) sera contrôlé par le gouvernement, et que les citoyens et les entreprises seront à jamais privés de toute forme de propriété ou de parole. Le Forum économique mondial prévoit également un taux de chômage permanent de 35 à 41 %, ainsi que la mise en place d'un revenu de base tout juste suffisant pour maintenir les gens en vie.

Vous voulez cette remise à zéro du WEF ? Alors vous l'aurez.

C'est ce qui va se passer, et on ne pourra pas l'arrêter. Même si la majorité des gens devaient se réveiller à la dernière minute et se révolter contre cela, une "Grande Réinitialisation" serait toujours nécessaire, mais d'une ampleur complètement différente de celle du WEF et des mondialistes de Washington, Bruxelles, Londres, Paris, Berlin, Rome et La Haye. Leur réinitialisation concentre tout le pouvoir et les richesses dans un petit groupe de personnes, alors que la réinitialisation dont nous avons réellement besoin réalise exactement le contraire.

La Deutsche Bank, en faillite technique, a prévenu que le "Green Deal" de l'UE, qui est censé permettre la "Grande Réinitialisation", déclenchera au contraire une méga-crise et inaugurera une éco-dictature qui détruira notre richesse actuelle.

Chapitre 6 : La prochaine guerre mondiale ?

L'Occident a commis une erreur catastrophique en s'attendant à ce que la Russie ne déploie des armes nucléaires qu'au dernier moment.

Le Commandement stratégique des États-Unis (USSTRATCOM) a publié un rapport affirmant que l'imprévisibilité de la guerre nucléaire est désormais officiellement prise en compte. Le spectre des conflits d'aujourd'hui n'est ni linéaire ni prévisible. Nous devons envisager la possibilité qu'une confrontation puisse rapidement déboucher sur des circonstances susceptibles d'inciter un adversaire à utiliser des armes nucléaires en dernier recours". Ce que les États-Unis ne reconnaissent pas, c'est que la Russie n'attendra pas la fin d'une guerre conventionnelle pour recourir aux armes nucléaires.

Étonnamment, l'OTAN continue de croire que la Russie est incapable de gagner une guerre. En croyant cela, l'OTAN commet l'erreur majeure de croire que les Russes essaieront d'abord de repousser une attaque occidentale par des moyens conventionnels, et que ce n'est que lorsqu'ils risquent de perdre cette bataille qu'ils se tourneront vers les armes nucléaires.

Cette doctrine militaire est principalement fondée sur un mélange d'orgueil démesuré concernant une supériorité militaire qui n'existe plus dans la réalité et sur une incompréhension totale de la mentalité russe (et chinoise également). Le président Vladimir Poutine, quant à lui, a été très explicite lorsqu'il a déclaré lors d'une conférence de presse il y a quelques années qu'une chose qu'il a apprise dans la rue est que lorsque vous êtes acculé et qu'un combat est imminent, la meilleure chose à faire est de porter vous-même le premier coup.

Des centaines de milliers de soldats sont opposés les uns aux autres.

Près de Louhansk et de Donetsk (le Donbass), l'Ukraine a rassemblé 110 000 hommes, ainsi que 450 chars et 800 pièces d'artillerie. 40 000 autres soldats de l'OTAN sont stationnés dans les pays entourant l'Ukraine. Lundi dernier, les États-Unis ont commencé à transférer des chars, des avions de chasse et d'autres armes vers le futur champ de bataille.

Il y a 150 000 à 200 000 soldats russes, 1 300 chars, 1 300 pièces d'artillerie, 380 lance-roquettes multiples, 300 avions de chasse et bombardiers, 3 700 drones, 280 hélicoptères, 26 navires et plus de 4 000 véhicules blindés déployés sur un front de 1 000 kilomètres. Soit dit en passant, ces éléments n'ont pas été transférés sur les lignes de front avant que l'Ukraine n'envoie des dizaines de milliers de soldats dans le Donbass et que le président Zelensky ne signe un document exigeant la capture de la Crimée, ce qui constituait essentiellement une déclaration de guerre contre la Russie.

Il est clair que le Kremlin a fixé une limite après des années de patience inébranlable et de nombreuses tentatives de réconciliation, toutes rejetées à plusieurs reprises par l'Occident. Il ne renoncera pas à la Crimée, ne permettra pas à l'Ukraine de lancer une nouvelle guerre contre les citoyens russes dans le Donbass et n'acceptera pas que le gazoduc NordStream II vers l'Allemagne ne soit pas achevé. Les Américains ont l'intention de priver la Russie de ses bénéfices et de forcer les Européens à acheter leur GNL, bien plus cher, grâce à leurs tactiques de chantage typiques.

En cas de guerre, l'Ukraine n'aura aucune chance contre la Russie. Ce n'est que si l'OTAN et les États-Unis décident ensuite de n'intervenir en aucune circonstance qu'une troisième guerre mondiale pourra encore être évitée.

L'Occident agit "comme un père Noël drogué". "

Tenter d'imposer encore plus de sanctions à la Russie n'a historiquement donné aucun résultat. L'économie russe a continué à se développer, ce qui a rapproché les Russes et les Chinois. En conséquence, Margarita Simonyan, chef des médias d'État russes, a comparé le comportement de l'Occident américain à " une sorte de Père Noël maniaque qui prend des antidépresseurs ou des médicaments. "

Tenter d'imposer encore plus de sanctions à la Russie n'a historiquement donné aucun résultat. L'économie russe a continué à se développer, ce qui a rapproché les Russes et les Chinois. En conséquence, Margarita Simonyan, chef des médias d'État russes, a comparé le comportement de l'Occident américain à "une sorte de Père Noël maniaque qui prend des antidépresseurs ou des médicaments."

Chapitre 7 : Mensonges éhontés

Le sommet de l'armée de l'air américaine exclut le F-35 des simulations alors que la défaite est assurée.

Alors que la Russie et l'Ukraine testent leurs bunkers nucléaires pour voir s'ils sont toujours opérationnels en cas de guerre nucléaire, les médias et le public occidentaux continuent de croire que l'ignorance est une bénédiction. De nombreuses personnes, en particulier les (anciens) militaires, supposent que l'Amérique et l'OTAN vont simplement "gagner une guerre" avec la Russie et/ou la Chine. Oubliez cela, déclare Scott Ritter, un officier de renseignement américain "à la retraite "* qui a fait partie de l'état-major du général Schwarzkopf pendant la guerre du Golfe et a été inspecteur des armes de l'INF et de l'ONU dans l'(ancienne) Union soviétique.

Selon lui, la supériorité américaine ne repose que sur "les mensonges et l'autodérision". Même dans les simulations, l'Occident ne peut gagner une guerre qu'en cas de tricherie flagrante.

L'armée de l'air américaine a effectué des "exercices de guerre" en 2018 et 2019 pour voir si elle pouvait protéger Taïwan contre une invasion chinoise. Dans les deux situations, les États-Unis ont été solidement battus. La même simulation a eu lieu en 2020, et l'Amérique l'a emporté, mais seulement en fabriquant de vastes capacités comme des aérodromes et des centres de commandement inexistants, ainsi que des avions qui ne sont que sur la planche à dessin ou qui n'ont pas encore été inventés. "Cette expérience était aussi éloignée de la réalité qu'on puisse l'être", a ajouté Ritter. 'La vérité est que les États-Unis ne peuvent défendre Taïwan contre la Chine que dans leurs rêves'. **Le projet de défense européen le plus coûteux est le "naufrage du ciel".**

Il est surprenant de constater que le F-35, qui remplace également le F-16 en Europe, n'a même pas été déployé virtuellement lors de la dernière simulation, car les hauts gradés de l'US Air Force ont jugé que cet avion était totalement incapable de gagner une bataille dans une guerre. (Dans toutes les simulations, les F-35 ont été "abattus du ciel comme des mouches", selon un officier du Pentagone il y a quelques années).

Et cette "épave du ciel" a été achetée par l'Europe pour 6 milliards d'euros, notre projet de défense le plus coûteux de tous les temps. Bonne chance avec lui, ou plutôt : bonne chance, s'il fallait en venir à une guerre avec la Russie, comme les mondialistes occidentaux semblent le souhaiter depuis si longtemps.

Des morts vendues comme des victoires, des mensonges présentés comme des vérités".

Ritter illustre le fait que la supériorité aérienne américaine, et donc la supériorité sur le champ de bataille, appartient depuis longtemps au passé. Les gens ont encore en tête les images de la première guerre du Golfe en 1991, mais la situation actuelle est incomparable. Après le 11 septembre 2001, l'armée américaine a cessé de se concentrer sur la victoire de "grandes" batailles conventionnelles avec la Russie et la Chine pour se consacrer à la "guerre contre le terrorisme" et à la "construction de pays" (qui, en réalité, est devenue partout la "destruction de nations").

Même les guerres extraordinairement coûteuses en Afghanistan, en Irak et en Syrie ont été difficiles à gagner en fin de compte. En ne parvenant pas à gagner, les États-Unis ont perdu les "guerres éternelles" au Moyen-Orient et en Asie du Sud-Est. En conséquence, les hauts gradés de l'armée américaine ont été conditionnés à considérer l'échec comme une fatalité, qu'ils expliquent en se mentant à eux-mêmes, à leurs supérieurs, ou aux deux. Trop de professions prospères sont fondées sur des mensonges déguisés en vérités, des échecs déguisés en succès et des défauts déguisés en atouts".

En un mot, c'est la vision du monde occidentale dans de nombreux secteurs, pas seulement militaires. Il s'agit d'un signal d'alarme de plus en plus fort indiquant que notre civilisation s'est retournée contre elle-même à cause de la corruption, de la soif de pouvoir, de l'avidité pour l'argent et du népotisme, et qu'elle est sourde et aveugle à sa propre disparition.

Seules les armes nucléaires peuvent empêcher les États-Unis de combattre la Chine ou la Russie.

À bien des égards, le "jeu de guerre" de l'US Air Force qui vient de s'achever est un sous-produit de cette psychose - un exercice d'auto-illusion dans lequel la réalité a été remplacée par un monde fictif dans lequel tout fonctionne comme prévu, même s'il n'existe pas. L'armée de l'air américaine est actuellement incapable de mener à bien une guerre contre la Chine ou la Russie. Sa capacité à mener avec succès une campagne aérienne contre l'Iran ou la Corée du Nord est également mise en doute. C'est le genre de vérité qui ferait perdre leur emploi à de nombreuses personnes de haut rang - avec ou sans uniforme - dans un monde où les faits comptaient encore.

Cependant, comme la culpabilité de cette incompétence générale est si étendue, aucune véritable responsabilité pour ce qui s'est passé n'est imaginable. Au lieu de cela, lorsqu'elle est confrontée à la vérité de ses défauts, l'US Air Force "invente" la victoire. Cette "victoire" n'a aucun sens en soi. Si la Chine envahissait Taïwan, les États-Unis n'auraient d'autre choix que d'utiliser des armes nucléaires pour les en empêcher".

Comportement basé sur les mensonges, la tromperie et l'auto-illusion.

L'acquisition prévue d'avions supplémentaires, selon Ritter, ne repose que sur ces fabrications, sur cette fausse notion d'une force aérienne capable de "gagner" des guerres.

L'armée de l'air américaine ne fait que répéter un modèle de comportement fondé sur le mensonge, la tromperie et l'auto-illusion qu'elle a laissé la diriger au cours des deux dernières décennies, y compris les officiers supérieurs et les dirigeants politiques. L'effet final sera que, même si l'US Air Force reçoit toutes les ressources et capacités nécessaires pour "défendre" et gagner Taïwan dans une simulation de guerre (ce qui ne sera pas le cas), le seul endroit où elle gagnera, c'est dans ses rêves".

Une guerre nucléaire sera également perdue par l'Occident.

Même si les Américains ont recours aux armes nucléaires, selon Hal Turner, personnalité de la radio américaine et ancien agent des services de renseignement, le combat sera perdu. Il cite le fait que la Russie a construit des abris massifs pour ses citoyens, dans lesquels des millions de personnes peuvent survivre pendant de longues périodes. Les États-Unis, comme l'Europe, ne disposent pas de tels abris.

Chapitre 8 : La Chine entre dans le jeu

"Dans 4 semaines, une guerre mondiale pourrait être déclenchée en Ukraine, alors que Poutine envoie 4 000 soldats et chars à la frontière", titrait récemment The Sun, le tabloïd le plus célèbre de Grande-Bretagne.

Que cela fasse du bruit ou non, l'annonce de l'envoi prochain de 5 000 soldats chinois en Iran est extrêmement dangereuse. En outre, Téhéran a fait la démonstration d'un missile de croisière capable de frapper Berlin, et les mollahs ont garanti leur soutien à la Russie au cas où l'Ukraine lancerait une attaque frontale contre la Crimée et le Donbass, déclenchant une guerre menée par l'OTAN.

Seul un "psychanalyste" peut comprendre les objectifs de Moscou, selon l'analyste militaire russe Pavel Felgenhauer, qui a également averti que l'évolution de la situation pourrait conduire à une guerre catastrophique dans un mois.

Tout le chagrin causé par le coup d'État de 2014.

En 2014, la CIA a orchestré un violent coup d'État en Ukraine avec l'aide des États-Unis et de l'UE. Le président démocratiquement élu du pays a été renversé et remplacé par une dictature fantoche soutenue par l'Occident, qui a lancé une guerre meurtrière contre la population russophone du pays dans l'est.

Afin de faire entrer l'Ukraine dans l'OTAN le plus rapidement possible, un attentat sous faux drapeau très probable a été perpétré contre un avion de ligne (MH17) reliant Amsterdam à la Malaisie, qui a été délibérément dirigé par le contrôle aérien ukrainien au-dessus de zones de guerre.

Le principal port naval de la Russie à Sébastopol (Crimée) serait perdu et, une fois les bases de l'OTAN érigées en Ukraine, les armes nucléaires de la Russie pourraient être détruites par des missiles américains lors d'une attaque surprise en quelques minutes, mettant le pays sans défense.

La Chine envoie 5 000 soldats en Iran, qui a lancé un missile capable de frapper Berlin.

Cependant, un axe est en train de se former, qui en a assez des années de racisme et de bellicisme de l'Occident dirigé par les Américains, ainsi que de toutes ces missions prétendument "de paix et de démocratie" qui ont assassiné des millions de personnes au cours de ce siècle. La République islamique d'Iran, par exemple, a dévoilé samedi dernier un nouveau missile de croisière d'une portée de 3 000 kilomètres capable de frapper Berlin.

Entre-temps, la Chine a annoncé d'importantes dépenses d'un milliard de dollars en Iran, notamment le déploiement de 5 000 soldats et la création de nouveaux avant-postes militaires.

La lumière de l'Occident, déjà disparue, est-elle en train de s'éteindre pour de bon ?

En janvier 2018, la BBC au Royaume-Uni a diffusé un journal télévisé simulé sur le début d'une guerre entre l'OTAN et la Russie, avec le lancement d'armes nucléaires après seulement une heure. Une annonce fictive similaire de la troisième guerre mondiale avec la Russie a été diffusée par le radiodiffuseur public allemand.

Appelez cela de l'alarmisme ou de la programmation prédictive, mais une chose est claire en ce début d'année 2021 : ces dernières années, nous n'avons eu en Occident, comme dans notre propre pays, que des dirigeants, des médias et des institutions qui ne savent que mentir et tricher froidement sur les questions importantes, qu'il s'agisse de la Russie, du coronavirus, des vaccinations ou du climat. La lumière, comme leurs dirigeants, a disparu depuis longtemps pour ceux qui s'y laissent prendre les yeux ouverts et/ou pensent même parfois que c'est une bonne chose. Pire, ce qui était auparavant lumière a été rebaptisé ténèbres, et ce qui était ténèbres a été rebaptisé lumière.

La Russie, la Chine et l'Iran sont tous sous le feu des critiques, mais on ignore combien de temps il reste à l'Occident pour revenir à la raison, se regarder dans le miroir et admettre à quel point nous sommes tombés en tant que "civilisation" soi-disant avancée. Si nous continuons à notre rythme actuel, ce ne sera pas plus de 10 ans environ, et si Le Soleil a raison pour une fois, ce ne sera pas plus de 10 semaines. Lorsque cette catastrophe plus probable se produira, elle sera inattendue pour la grande majorité d'entre nous, et totalement de notre responsabilité, à notre avis.

Chapitre 9 : L'Occident contre la Russie

Une "menace extrêmement grave pour la sécurité nationale" n'est qu'un pas vers la déclaration de guerre.

En raison de la "menace unique et sans précédent que représente la Russie pour la sécurité nationale, la politique étrangère et l'économie des États-Unis", le président américain Joe Biden a proclamé un "état d'urgence national". Les États-Unis expulsent dix diplomates russes et appliquent de nouvelles restrictions. La Russie prépare intensivement son armée et sa flotte à un grand conflit (mondial), qu'elle craint - à juste titre - que les Américains, de plus en plus agressifs, ne veuillent déclencher.

Les seules personnes qui se sont opposées à la " grande réinitialisation " des mondialistes occidentaux sont Trump et Poutine. Trump a été disculpé grâce à la plus grande fraude électorale de l'histoire ; maintenant, c'est au tour de la Russie. Les technocrates néo-marxistes fous d'Amérique et d'Europe semblaient croire qu'ils pouvaient gagner une guerre contre la Russie sans causer trop de dégâts.

La Russie se prépare à la guerre.

En conséquence, la Russie va expulser un grand nombre de diplomates américains. Le détroit de Kerch, qui relie la péninsule de Crimée et le continent russe, sera fermé à tous les bateaux de la marine et aux bateaux étrangers à partir de la semaine prochaine.

La fermeture durera jusqu'en octobre et concerne principalement les villes portuaires ukrainiennes de Mariupol et Berdyansk.

Près de la frontière ukrainienne, des véhicules blindés et des camions russes ont été repérés avec des "bandes d'invasion". Ces bandes blanches transparentes sont peintes sur les véhicules pour les protéger contre les tirs de leurs propres avions et chars. Cela semble indiquer que la Russie envisage réellement de mettre un terme à l'administration néonazie de Kiev, soutenue par l'Occident, qui, comme nos lecteurs le savent, tente depuis des années de créer une guerre massive entre l'OTAN et la Russie.

L'Ukraine affirme que plus de 110 000 soldats russes, 330 avions et 240 hélicoptères seront stationnés le long de sa frontière. Kiev prétend que la Russie transfère des armes nucléaires en Crimée, mais nous avons des doutes. En effet, rien n'oblige la Russie à le faire ; l'Ukraine pourrait théoriquement être anéantie par des armes nucléaires lancées de n'importe où sur la planète.

La majorité de la flotte russe du Pacifique est rentrée à Vladivostok et y est correctement réapprovisionnée, selon des images satellite. Au moins un navire de guerre naval reçoit de "nouveaux" missiles à bord. Cela suggère que la Russie s'attend à ce que tout conflit dépasse le cadre de l'Ukraine et s'étende au reste du monde.

Il semble qu'un affrontement militaire entre les États-Unis et la Russie ne soit qu'une question de temps.

Maintenant que le président américain a qualifié la Russie de "danger pour la sécurité nationale" et que M. Biden a donné l'ordre de répondre à cette "menace", l'affrontement militaire que Washington et Bruxelles appellent de leurs vœux depuis longtemps semble n'être qu'une question de temps, voire une question de semaines.

Le président Poutine sait depuis longtemps comment l'Occident opère et, par conséquent, il a refusé l'offre d'une rencontre avec le vice-président Joe Biden. Ce ne serait rien d'autre que la fameuse diplomatie occidentale du chantage ("nous voulons la paix, mais seulement à nos conditions, et si vous n'êtes pas d'accord, nos bombes et nos missiles suivront"), qui a coûté la vie à des millions de personnes au cours des deux dernières décennies seulement.

'Les néoconservateurs belliqueux font exactement ce qu'ils ont dû cesser de faire en 2016 lorsque la victoire de Trump a fait voler en éclats leurs préparatifs sataniques de guerre avec la Russie.... Ensuite, nombreux étaient ceux qui affirmaient que Trump était dangereux', déclare Hall Turner, un présentateur radio américain. Cet imbécile sénile et dément sera notre ruine à tous", dit Biden.

Nous n'avons vraisemblablement pas besoin d'expliquer ce que cela dit de l'état mental des dirigeants européens, qui ont été si choqués lorsque ce "demi-sujet" belliciste a réussi à arracher de la Maison Blanche le Trump qu'ils méprisaient, et ils ne semblent pas non plus se soucier de ce qui arrive à vous, à moi et à des centaines de millions d'autres personnes.

Chapitre 10 : L'Agenda 21 résumé

L'État-nation, la liberté et votre voix sont tous étouffés. - Seule une résistance de masse pourra empêcher la mise en place de ce plan anti-humain.

Le Café Weltschmerz a publié une interview d'un expert américain bien connu sur l'Agenda 21, qui peut être résumé comme une prise de pouvoir qui finira par soumettre le monde entier à une dictature technocratique communiste dans laquelle les individus et les peuples n'auront pas leur mot à dire, y compris sur leur propre santé et leur vie. La phase suivante de ce coup d'État de facto contre notre liberté, notre démocratie et notre droit à l'autodétermination a commencé avec la tromperie de la pandémie de peur Covid-19.

Ce n'est pas pour rien que le Café Weltschmerz affiche sous son titre "L'objectif caché qui sous-tend la chute de notre société" - des dégâts qui sont réalisés à dessein par le gouvernement européen également.

Rosa Koire, directrice exécutive du Post Sustainability Institute et spécialiste de l'utilisation des terres et des droits de propriété, qui a prononcé des discours dans le monde entier, a été interviewée par le journaliste indépendant Spiro Kouras (Activist Post). Démocrates unis contre l'Agenda 21 de l'ONU, un site web inaccessible au moment de la rédaction de cet article, propose une collection de ses travaux.

Koire est également l'auteur de "Behind the Green Mask : The United Nations Agenda 21". En 1992, 178 pays, dont le Vatican, ont approuvé l'Agenda 21. Une élite mondialiste au pouvoir cherche à contrôler totalement toutes les terres, l'eau, la végétation, les minéraux, la construction, les moyens de production, la nourriture et l'énergie dans ce but. Ce contrôle total doit s'étendre à l'application de la loi, à l'éducation, à l'information et aux personnes elles-mêmes.

Agenda 2030 : un premier pas vers l'abolition de l'État-nation et la liberté

D'importantes sommes d'"argent" doivent également être transférées des pays développés vers les pays en développement. En fin de compte, il s'agit de vous priver de votre droit d'avoir une voix et un gouvernement représentatif. Les gouvernements nationaux se transforment en bureaucraties. Votre capacité à être libre et autosuffisant est systématiquement érodée. L'idée est de déplacer l'autorité des gouvernements locaux et des individus vers une structure de gouvernance mondiale...

C'est un plan pour déstabiliser et détruire le système actuel. C'est une stratégie de transformation et de contrôle, et c'est ce que nous voyons en ce moment".

L'Agenda 2030, comme 2020, 2025 et 2050, n'est qu'une étape de l'Agenda 21. Ce plan infâme doit être accompli d'ici 2050, avec l'aide et l'assistance de grandes personnalités mondialistes comme Ford, Rockefeller, Soros, Gates, Zuckerberg, Musk, le Pape et, enfin et surtout, Rothschild. Tous les États-nations seront éliminés d'ici 2050, la population mondiale étant concentrée dans quelques mégapoles qui peuvent engloutir des nations et des pays entiers (tout comme les Pays-Bas, ainsi que la Belgique et la Ruhr allemande, sont appelés à devenir une seule grande ville).

Le but est d'étouffer votre pouvoir de contrôler ce qui vous arrive. Il s'agit d'une stratégie mondiale, mais elle est mise en œuvre de diverses manières dans le monde entier". C'est fait exprès pour détourner l'attention des gens des véritables objectifs.

En vérité, l'Agenda 21 englobe tout ce que l'on appelle "vert" ou "développement durable". Cela inclut le "changement climatique", qui englobe tous les accords et efforts en matière de climat, ainsi que Covid-19. Un problème mondial nécessite une réponse mondiale", affirment-ils. Cela nécessite une gouvernance mondiale".

Le changement climatique et la pandémie de corona sont "destinés à pousser les gens à la panique, à tel point que vous craignez littéralement de ne pas y survivre", selon les auteurs. Selon Koire, qu'il y ait ou non un problème climatique n'est pas pertinent. Cette méthode est si efficace qu'elle aurait été inventée de toute façon (en fait, elle EST inventée, conçue, au début

des années 1990, ce qui est littéralement écrit dans les
documents de l'ONU).

La "grande réinitialisation (verte)" est en cours.

M. Skouras mentionne ensuite la "grande réinitialisation
(verte)" du Forum économique mondial, qui a été
annoncée à Davos. Je ne veux pas paraître alarmiste",
répond Koire, mais elle craint que cette "réinitialisation"
ne soit en train de passer en force sans tenir compte du
coût pour les gens et la société. Ils gardent toutefois
leur masque vert, car une fois qu'il est enlevé, on voit
les bottes et les tranchées de l'armée". Au sens propre.

Nous sommes arrivés à une situation où les personnes
au pouvoir ne se soucient pas des protestations et des
inquiétudes de la population. C'est comme s'ils nous
envoyaient un message disant qu'ils ne se soucient plus
de nous. Bien qu'il semble que nous ne puissions pas
faire grand-chose de plus, Koire pense que c'est encore
faisable.

La technologie a progressé au point que deux objectifs
majeurs, la vie éternelle et la capacité de construire sa
propre existence, sont désormais à portée de main. Ces
gens n'ont aucune limite éthique, ce qui est assez
inquiétant. Vous l'avez vu avec les nazis, Staline, et
maintenant avec l'administration actuelle. Il n'y a rien
que l'on puisse faire pour arrêter ces gens.

Tout et tout le monde sera connecté à l'internet.

Tout et tout le monde sera connecté numériquement dans la "quatrième révolution industrielle" qu'ils ont déjà déclenchée.

Ils discutent d'un nouveau contrat social. Dans la plupart des cas, les deux parties d'un contrat ont quelque chose à dire à ce sujet. Cependant, c'est un contrat dans lequel aucun de nous n'a de voix... Une des causes de la panique dans les rues est à cause de cela. C'est parce que c'est un avertissement, un message pour nous : voilà ce qui vous arrivera si vous descendez dans la rue et défiez notre plan".

Les gens me demandent : "Qui est-ce qui nous torture ? C'est au gouvernement que vous avez affaire. Le gouvernement de votre pays a été pris en charge. On tente d'inciter à l'insurrection avec le soutien de groupes et de mouvements comme Antifa et Black Lives Matter.

"Nous sommes attaqués. Ce fut le catalyseur de la défection de Koire du parti démocrate. Cependant, les partis ne sont qu'une diversion. Le pouvoir ne connaît pas de parti au sommet. Tous les moyens disponibles sont déployés dans cette conquête mondialiste du pouvoir.

Le plan consiste à perturber et à perturber encore, et c'est exactement ce qui se passe en ce moment. C'est une stratégie plutôt réussie pour détruire la cohésion sociale".

La déconstruction individuelle est appelée "transformation".

La "transformation" est un mot magique couramment utilisé dans l'éducation, l'économie, l'application de la loi et la société. En réalité, la transformation consiste à démanteler l'individu de toute "ancienne" structure, telle que votre famille, vos "anciennes" opinions ou votre foi... C'est une approche psychologique qui déconstruit votre personnalité avant de la reconstruire (selon leurs nouveaux critères)."
Le mot "racisme institutionnel" n'est rien d'autre qu'un prétexte pour détruire votre esprit. Il a été employé par Mao Zedong, Sung, et les nazis. C'est une méthode pour démanteler votre individualité afin de vous recréer comme un nouvel être humain, un nouveau citoyen du monde.

L'intelligence artificielle et les humains doivent ne faire qu'un.

L'intelligence artificielle (I.A.) joue également un rôle dans ce processus. Une force de police (mondiale) dotée d'une IA est en train de voir le jour, et elle ne sera pas composée d'humains. Les drones seront également contrôlés à terme par l'intelligence artificielle plutôt que par des humains. Je ne pense pas avoir besoin de l'expliquer, parce qu'alors vous vous trouvez dans une situation vraiment dangereuse". À Singapour, les robots intelligents sont de plus en plus utilisés pour faire respecter la séparation sociale, tandis que la Nouvelle-Zélande a récemment dévoilé son premier agent de police doté d'une intelligence artificielle.

Il s'agit fondamentalement d'un objectif anti-humanitaire, qui consiste à intégrer l'intelligence humaine et l'intelligence artificielle (IA)", a déclaré M. Skouras.

Tout le monde a été marqué comme un ennemi potentiel les uns des autres dans le cadre des mesures Covid-19. L'idée est que même les membres de votre famille et vos amis les plus proches ne sont plus dignes de confiance. Dans le même temps, notre santé se détériore, selon Koire, ce qui est un élément clé du plan Agenda 21. C'est le plan du gouvernement pour tout inventorier et contrôler, y compris votre ADN (d'où l'insistance du gouvernement pour que le plus grand nombre possible de personnes soient testées pour le Covid-19, qui permettra d'extraire et de stocker immédiatement votre ADN).

Vous devez "prouver" que vous êtes un citoyen loyal et obéissant qui est "digne" de continuer à vivre dans le nouvel ordre en fonction de votre "crédit social", comme en Chine et bientôt aux États-Unis et en Europe. Bien sûr, le système fait cela depuis longtemps en favorisant certaines personnes brillantes, qui sont ensuite forcées de payer le prix. Le système chinois sera appliqué dans le monde entier.

Vaccin pour la dépopulation

Dans les années 1990, les Chinois ont également promis de collaborer avec les États-Unis sur un vaccin contre la dépopulation. Est-ce quelque chose qu'ils ont réellement fait ? Ce vaccin est-il actuellement disponible, et est-il 'vendu' à l'humanité sous un nouveau nom (peut-être le vaccin Covid-19 ?)? La dépopulation est un aspect intégral du plan, en tout cas. Vous devez être 'séparés' et relocalisés s'il s'avère que vous n'avez pas assez de valeur et/ou que vous prenez trop de place, que vous utilisez trop d'énergie, d'eau ou de terre.

C'est le point central de l'agenda sur le changement climatique". L'agenda de l'Union européenne en matière de changement climatique ne concerne que le changement climatique, et les agriculteurs européens en sont bien conscients, car leur vie et leur travail sont de plus en plus rendus impossibles par le gouvernement européen, qui est occupé à transformer tous les points de l'Agenda 21 en politique, quel qu'en soit le coût pour la prospérité et le bien-être de notre pays.

La grande majorité de l'humanité sera contrainte de vivre dans des mégapoles ("multiculturelles"), où chaque élément de notre vie sera surveillé et contrôlé 24 heures sur 24, 7 jours sur 7 et 365 jours par an. Cette approche vous privera essentiellement de toute liberté. Et ce n'est pas quelque chose qui se produira dans le futur ; c'est quelque chose qui se produit déjà. Ce n'est donc pas quelque chose qui arrivera en 2030 ou 2050. 2020 est une année extrêmement importante. Beaucoup de ces stratégies sont déjà mises en œuvre à l'échelle régionale.

La prise de conscience est le premier pas ; l'action est le second.

Est-il encore possible d'arrêter cela ? La première étape de la résistance est la prise de conscience", explique M. Koire. La deuxième étape est de passer à l'action". Les gens doivent reconnaître que nous avons été socialisés pour être passifs et croire que le fait d'appuyer sur "j'aime" sur les médias sociaux signifie que nous sommes politiquement engagés ; mais, si vous ne sortez pas de chez vous, vous n'êtes pas un activiste politique. Leur objectif est de déclarer l'opposition publique au plan de destruction et de contrôle absolu de l'Agenda 21 illégale et impossible à l'avance, c'est pourquoi ils imposent des lockdowns et une distance sociale.

"Et ne prétendez pas que votre gouvernement est si horrible que vous n'avez aucun recours. Je suis sûr que c'est l'impression que ça donne, mais seulement parce que vous avez permis que ça aille aussi loin. Ça ne va pas s'améliorer si vous l'ignorez. C'est pourquoi je crois que vous devriez "occuper" votre gouvernement (lett. occuper, également "saisir", "occuper", ou "occuper").

Soyez en charge de votre propre gouvernement. Oui, nous sommes dans les dernières étapes du jeu, et il ne nous reste plus beaucoup de temps. Donc vous auriez dû le faire il y a longtemps'.

Les gens doivent commencer à reconnaître l'Agenda 21 dans leurs propres communautés et régions. C'est une bonne idée d'en parler à votre conseil local. Parlez-en régulièrement aux représentants du peuple. Chaque point à l'ordre du jour de votre conseil municipal est presque certainement lié à l'Agenda 21. Elle encourage les gens à visiter son site web et à lire son livre afin "d'apprendre comment ils gèrent l'opinion publique pour que vous ne leur causiez pas de difficultés". Ils veulent que vous restiez assis dans votre fauteuil à la maison'.

Alors impliquez-vous, parlez aux gens et aux fonctionnaires, distribuez des tracts, partagez des films, écrivez et publiez à ce sujet". Car il ne suffit plus d'être conscient de la situation et de ne rien faire. Vous devez vous impliquer politiquement et être prêt à accepter que vous ne pourrez pas tout leur reprendre tout de suite'. Ils veulent commencer à remplacer la réalité par la RV (réalité virtuelle), par exemple, car cela rendrait la vie beaucoup plus agréable. Mais dès que vous commencerez à le faire, votre vie sera finie". Par conséquent, vous devez résister.

Si l'on en croit Wikipedia, l'Agenda 21 est un programme anti-humain.

"Parlez-en partout où vous travaillez, partout où vous
allez. Cela va irriter beaucoup de gens, et cela va vous
irriter aussi (désormais). Mais qu'il en soit ainsi ; que
cela nous plaise ou non, ce plan est authentique et il est
mis en œuvre en ce moment même. Ce que Wikipédia
affirme à propos de l'Agenda 21 est incorrect. Il n'est ni
volontaire ni "non contraignant". Ce plan est obligatoire
pour vous.... Alors, unissons-nous pour combattre cela.
Nous devons tous nous y opposer.

En effet, dit Skouras. Ils le présentent comme un moyen
d'améliorer et de sauver la planète, le climat et
l'environnement. Cependant, (le Plan 21 / 2030) est un
programme anti-humain qui est actuellement mis en
œuvre. Nous ne voulons pas emprunter cette voie
sombre vers la tyrannie".

Chapitre 11 : Drame orchestré

Tout cela dans le but de réaliser l'"Agenda 2030", un gouvernement communiste totalitaire mondial qui exige la destruction de la richesse occidentale - Le Haut-Commissaire des Nations unies aux droits de l'homme ne veut pas que les fermetures prennent fin tout de suite.

Dans une interview accordée au Guardian, Lise Kingo, directrice exécutive du "Pacte mondial" des Nations unies, a concédé qu'il existe des "parallèles très, très apparents" entre la crise humanitaire, les manifestations "antiracistes" de et pour Black Lives Matter et l'agenda climatique. Selon Kingo, la réponse mondiale à Corona - lockdowns, isolement social et destruction partielle de l'économie actuelle - est en réalité une "répétition générale" de ce qui se passera si une "urgence climatique mondiale" est déclarée.

Elle a averti que la situation de Corona n'est qu'un "exercice de tir" pour ce qui est à venir. Selon elle, la pandémie, les manifestations contre le racisme et le climat font tous partie du "programme de développement durable" des Nations unies. La seule façon d'avancer est de créer un monde où personne n'est désavantagé.

Le meurtre de George Floyd, un criminel violent, à Minneapolis, démontre, selon Mme King, que le "racisme affreux" persiste. Elle poursuit en affirmant que les "droits de l'homme" sont intrinsèquement liés à l'environnement. En outre, elle conseille aux grandes entreprises et aux PDG de devenir des "activistes sociaux", affirmant que les jeunes ne travailleront pour eux que si l'"'égalité sociale" est encouragée.

Le Haut-Commissaire des Nations unies aux droits de l'homme ne veut pas que les confinements prennent fin, même si les vaccins sont en cours de déploiement.

Bien que des dizaines de millions de personnes aient déjà perdu leur emploi et que l'on estime que le nombre de décès dus aux lockdowns sera 25 fois supérieur à celui du coronavirus, Michelle Bachelet, collègue de Kingo et Haut Commissaire aux droits de l'homme, estime que les lockdowns ne doivent pas être levés "trop rapidement".

En effet, Mme Bachelet affirme avoir peur de la "deuxième vague" qui, selon un grand nombre de scientifiques indépendants et d'autres experts, ne sera rien de plus qu'une propagande "psy-op" car la majorité de la population est naturellement immunisée contre le virus.

Les Nations Unies ont l'intention d'utiliser l'affaire Corona pour "démolir l'économie fossile".

En avril, le secrétaire général de l'ONU, António Guterres, a exhorté l'Occident, en particulier, à utiliser les sanctions pour déstabiliser l'économie "fossile".

Guterres, marxiste de naissance, voit dans la crise financière une occasion en or de mettre en œuvre sa vision d'une tyrannie communiste mondiale sous la bannière des Nations unies ("Agenda 2030"). Si l'argent des impôts sert à renflouer les entreprises, il doit être utilisé pour promouvoir les emplois verts et une croissance inclusive à long terme. Il ne doit pas servir à sauver des entreprises polluantes et à forte intensité de carbone qui sont dépassées'.

Cette ligne de conduite entraînera le chômage de centaines de milliers, voire de millions, de personnes rien qu'en Europe, ainsi qu'une pauvreté généralisée. Pour éviter une rébellion généralisée, l'empire exproprie et/ou nationalise de facto diverses entreprises avec l'aide du gouvernement, donnant à l'empire un contrôle total sur la nature et l'avenir de ces entreprises - si elles sont autorisées à exister.

Les deux agendas ont été signés par le gouvernement européen, qui suit depuis des années un programme actif visant à causer des dommages irréversibles à l'agriculture, à l'économie, à l'approvisionnement en énergie et à la société européennes afin de réaliser l'Agenda 2030, pour lequel le "Green New Deal" de l'UE a également été développé.

Nos autres livres

Consultez nos autres livres pour découvrir d'autres informations inédites, des faits exposés et des vérités démystifiées, et bien plus encore.

Rejoignez le cercle exclusif des médias de Rebel Press !

Chaque vendredi, vous recevrez dans votre boîte de réception une nouvelle mise à jour de la réalité non rapportée.

Inscrivez-vous ici dès aujourd'hui :

https://campsite.bio/rebelpressmedia